UNE
EXPÉDITION BELGE
AU NIL

PAR

Léon CHOMÉ

DIRECTEUR DE LA *Belgique militaire*

(*avec le portrait du Commandant* CHALTIN *et la carte de Redjaf et ses environs*)

PRIX : **1** FRANC

BRUXELLES

IMPRIMERIE GUSTAVE DEPREZ, ÉDITEUR, CHAUSSÉE DE HAECHT 88

1898

UNE

EXPÉDITION BELGE

AU NIL

PAR

Léon CHOMÉ

DIRECTEUR DE LA *Belgique militaire*

(avec le portrait du Commandant CHALTIN et la carte de Redjaf et ses environs)

———

PRIX : **1** FRANC

BRUXELLES

IMPRIMERIE GUSTAVE DEPREZ, ÉDITEUR, CHAUSSÉE DE HAECHT 88

———

1898

Le commissaire général CHALTIN,
chef de l'expédition du Nil.

UNE

EXPÉDITION BELGE

AU NIL

—

AVANT-PROPOS

« En faisant du Nil le « Jupiter égyptien », les Grecs
exprimaient bien la pensée craintive qui vient à l'esprit
lorsque, dans le silence lumineux des lourdes journées
égyptiennes, l'homme, qu'il soit de Perse, de Grèce, de
Rome ou de Byzance, voit descendre et couler, lentement,
inévitablement, ce fleuve magnifique portant en soi toute la
richesse d'un pays. »

C'est en ces termes que s'exprime, sur le grand fleuve,
dans son cours d'histoire universelle, M. Marius Fontanes,
secrétaire de la Compagnie du Canal de Suez, et l'un des
auxiliaires les plus distingués de l'œuvre du percement de
l'isthme.

Le commencement du prodige s'accomplit, non point en Egypte, mais au centre même du continent africain. Aussi la recherche des sources de ce fleuve fécond et bienfaisant, immense et mystérieux, a-t-elle hanté les hommes dès la plus haute antiquité. Longtemps, *chercher les sources du Nil* fut un proverbe qui signifiait tenter l'impossible. Hérodote, Erastothènes, Strabon, Pline s'en préoccupèrent, Néron y envoya une expédition dont Sénèque nous a transmis le curieux récit. Mais le plus clairvoyant fut le géographe Ptolémée.

Dans les temps modernes, les expéditions de la vallée du Nil furent abandonnées, jusqu'au 16e siècle; en 1520, Francisco Alvarez, secrétaire de l'ambassadeur portugais Rodriguez de Lima à la cour d'Abyssinie; Pedro Paez en 1618; le missionnaire Jérôme Labo en 1623; le médecin français Poncet et le jésuite Brevedent en 1698; l'anglais James Bruce en 1769, donnèrent les premières indications certaines sur le haut fleuve.

Mais les découvertes définitives appartiennent à notre siècle. « En 1821, dit Lanier, Mohammed-Ali, encore vassal de nom de la Sublime-Porte, conçut l'idée grandiose d'un empire arabe qui s'étendrait sur les deux rives du Nil jusqu'à ses sources. Il chargea son fils Ismaïl de les conquérir. Un Français, Cailliaud, de Nantes, antiquaire et géologue, explorateur de la Libye et des côtes de la Mer Rouge, fut adjoint à l'expédition en qualité d'inspecteur des travaux des mines qu'on pourrait découvrir et exploiter. Sous la protection de l'armée égyptienne, Cailliaud remonta le fleuve, reconnut entre le Bahr-el-Abiad, le Tacazzé et le Bahr-el-Azrek, la fameuse île de Meroë, démontra l'erreur de Bruce, qui avait pris pour les sources du Nil blanc celles du Nil bleu, compara à loisir les deux rivières et remonta le Bahr-el-Azrek jusqu'aux confins de l'Abyssinie. Pendant ce temps, Ismaïl-Pacha couvrait le pays de ruines, brûlait les récoltes, massacrait les habitants, emmenait les femmes et les enfants en esclavage. Une insurrection générale éclata; Cail-

liaud réussit à s'évader du quartier général et rentra en
Egypte. A Schendy, tandis qu'Ismaïl et son armée dormaient
après une orgie, un des chefs dépossédés, Melek Nimr (le roi
Léopard), fit accumuler autour de l'enceinte où dormaient
les Egyptiens ivres, des monceaux de matières inflammables
et y mit le feu : tous périrent. Mohammed-Ali vengea son
fils en immolant presque toute la population de Schendy, au
nombre de 40,000 individus, hommes, femmes et enfants.
Les survivants allèrent rejoindre Nimr dans le désert, et
fondèrent sur les rives du Tacazzé, au pied du plateau
abyssin, un état indépendant, dont la capitale fut Kakhtia
ou Cafta. Les troupes égyptiennes exercèrent pendant de
longues années d'effroyables *gazouah* ou chasses à l'homme
dans le Kordofan et le Darfour. A la fin, l'Europe s'émut, et
les puissances adressèrent à Mohammed-Ali de sévères
remontrances ; le Khédive prit la résolution d'abolir la
traite au Soudan, et entreprit, en 1838, un long et périlleux
voyage sur le Haut-Nil. Il emmena avec lui, outre son
escorte ordinaire, plusieurs savants égyptiens et européens,
remonta la vallée des deux Nils, réunit les cheiks, leur
adressa de magnifiques discours, ordonna de beaux plans de
réformes, délivra les esclaves et prohiba formellement la
traite des noirs. Mais ces projets ne furent point exécutés.

« Un an après le séjour du vice-roi, une expédition
franco-égyptienne fut organisée pour explorer le cours du
Bahr-el-Abiad et en chercher les sources. La direction scien-
tifique fut confiée à deux ingénieurs français, MM. Arnaud
et Sabatier; un naturaliste allemand, le docteur Werne, les
accompagnait. La flottille quitta Khartoum le 23 novembre
1840 ; elle portait 250 soldats nègres, égyptiens et syriens,
et 150 matelots nubiens et soudaniens. Aucune discipline ne
fut observée dans cette étrange escorte ; les hommes étaient
paresseux, débauchés, féroces ; les chefs volaient les soldats;
un des capitaines était constamment ivre. On traversa le
pays des Schillouks, des Dinkas et des Baris jusqu'aux
environs de Gondokoro, et, au mois d'avril 1841, on revint

à Khartoum. La seule relation de ce voyage qui ait été publiée est celle du docteur Werne. Les expéditions postérieures du missionnaire Knoblecher (1848), de Trémaux (1850), de Bolognési (1856), de Brun-Rollet, du docteur Penez (1860), des frères Ambroise et Jules Poncet (1860), de Petherick (1869), de Guillaume Lejean (1861-1864), du docteur Hartmann et de Barnim (1861), de Heuglin et des dames Tinné (1) (1863), de Baker (1862-1870), de Schweinfurth (1870), de Panagiotes Potagos (1876), de Junker (1880), de Stanley (1887-1889), se complétant et se contrôlant les unes les autres, ont presque définitivement fixé la géographie et l'ethnographie du Haut-Nil et de ses affluents de la rive occidentale. »

Toutes ces explorations se firent dans des conditions relativement favorables. La guerre des derviches n'avait pas encore éclaté, et partant les peuplades ne se montraient ni craintives ni hostiles. Les explorateurs, Stanley excepté, suivaient la route des caravanes, rencontraient souvent celles-ci et s'y approvisionnaient. Et puis, ne marchaient-ils pas sous la protection de l'étendard égyptien ?

Emin-Pacha.

Maintenant un mot sur Emin-pacha, le prédécesseur de

---

(1) Une des plus curieuses explorations du Bahr-el-Ghazal fut celle à laquelle MMᵐᵉˢ. Tinné ont attaché leur nom. « Il n'est assurément pas ordinaire, écrit M. de Saint-Martin, de voir des femmes riches et du plus grand monde se jeter seules dans des courses aventureuses, sans autre mobile que la passion des choses inconnues, sans autre défense que leur courage. » Mᵐᵉ Tinné, sa fille, Mˡˡᵉ Alexandrina Tinné, sa sœur, la baronne de Capellen, organisèrent à leurs frais une véritable flottille, avec toute une armée de porteurs indigènes ; à eux se joignirent le docteur Steudner, qui mourut presque dès le début, et M. de Heuglin. Les intrépides Hollandaises remontèrent le Bahr-el-Ghazal, puis gagnèrent le lac Rek, immense marécage où leurs barques avançaient lentement, où il fallait, à coups de gaules, de haches ou de faux, s'ouvrir un passage à travers les joncs et les roseaux. Mᵐᵉ de Capellen était morte de la fièvre à Khartoum ; Mᵐᵉ Tinné y succomba le 20 juillet 1863 ; Mˡˡᵉ Tinné et M. de Heuglin durent revenir sur leurs pas. Mˡˡᵉ Tinné fut assassinée en 1869 dans un voyage au Fezzan.

Chaltin dans la province équatoriale. C'est encore à Lanier
que j'emprunte les notes qui le concernent :

» Emin-Bey ou Emin-Pacha s'appelle de son vrai nom
Edouard Schnitzer. Il est né à Oppeln (Silésie prus-
sienne) en 1840. D'abord médecin dans l'armée turque,
puis dans l'armée égyptienne (1874), il fut chargé par Gordon, sous le nom d'Emin-Effendi, de l'administration des
provinces égyptiennes du Haut-Nil, et, en 1878, après un
voyage d'exploration sur le lac Victoria et dans l'Ouganda,
il reçut, avec le titre de bey, la direction supérieure de la
province du Soudan équatorial. Il déploya dans ce poste un
remarquable talent d'organisation ; il sut gagner la confiance
des nègres, et les séduire au point qu'il en obtint une entière
obéissance. Les explorateurs qui ont vu de près les résul-
tats de son administration rendent unanimement hommage
à son activité bienfaisante, à son intégrité, à son désinté-
ressement. Après huit ans passés à la tête du gouvernement
d'un pays extrêmement riche, Emin-Bey était aussi pauvre
que le plus indigent de ses sujets ; toutes les ressources dont
il disposait, il les faisait concourir à l'accomplissement de
son œuvre civilisatrice.

» Quand Emin avait reçu de Gordon, en 1878, le commandement du Soudan oriental, la guerre et la division étaient
partout : les marchands d'esclaves nubiens, mettant l'anar-
chie à profit, faisaient sur les tribus nègres d'épouvantables
razzias. « En 1880, l'ordre était rétabli, et Emin-Bey, qui
» avait relevé et armé toutes les stations brûlées ou tombées
» en ruine pendant la période des agitations, tirait du pays
» pacifié un revenu net de 200,000 francs, alors qu'avant son
» avènement il y avait un déficit annuel atteignant parfois
» un million. Il construisit des routes, organisa un service
» hebdomadaire des postes, leva et instruisit une petite
» armée, et inaugura des relations commerciales avec les
» voisins. »

» Emin occupait ses loisirs aux travaux scientifiques. Il
rédigeait des mémoires sur des questions de géographie,

d'ethnographie, de météorologie, de physique, et les envoyait à des revues allemandes (1). Il voyageait beaucoup, faisait dans le pays des tournées d'inspection qui étaient de véritables explorations, et amenaient les plus intéressantes découvertes. Il refoulait les marchands d'esclaves, et introduisait dans ses provinces de nouvelles plantes, l'indigo, le coton. Ses notes ont été publiées à Londres, sous le titre : *Emin-Pacha in Central Africa, 1888.*

« Tout à coup l'insurrection du Madhi vint presque anéantir les germes de cette civilisation du centre de l'Afrique. Le dernier vapeur égyptien descendit le Nil de Lado à Khartoum le 14 avril 1883. Les bandes mahdistes se ruèrent sur le Bahr-et-Ghazal en mars 1884. Emin feignit de se soumettre, gagna du temps, et fortifia Amadi. Mais la famine l'obligea à évacuer cette station. Grâce à l'exaltation qu'il avait su inspirer à ses troupes, Emin vainquit l'ennemi à Rimo, et se maintint dans Lado. Mais la chute de Khartoum, la mort de Gordon le forcèrent à gagner le sud, pour chercher à opérer sa retraite du côté de l'Ouganda. Il se préoccupait de sauver les fonctionnaires, officiers et soldats égyptiens qui supportaient les plus dures épreuves sans plainte, servaient et obéissaient sans solde, presque nus. Le roi de l'Ouganda, Mouanga, lui ferma la route. Emin ne put être rejoint par les deux expéditions de secours que Lenz et Fischer avaient dirigées par la côte orientale. Un de ses compagnons, le docteur Junker (de Moscou) avait réussi à traverser la zône orientale en se constituant prisonnier entre les mains de Tippo-Tip, le principal traitant arabe, qui le fit conduire à Zanzibar, moyennant une rançon de 3000 thalaris (15,000 francs).

» Le docteur Junker apprit à l'Europe qu'Emin était de plus en plus étroitement resserré sur le Nil supérieur dans

____

(1) J'ajouterai qu'il réunit une remarquable collection ornithologique, qui est au musée de Londres.

les stations de Lado, Falika et Wadelaï (1), et que ses provisions étaient presque épuisées. Le dernier Européen resté avec lui était le capitaine italien Gaetano Casati, qui servait jadis sous les ordres de Gessi-Pacha, gouverneur de la province égyptienne de Bahr-el-Ghazal. L'Europe s'émut de cette situation périlleuse. Stanley offrit de marcher au secours d'Emin. Un comité se forma sur l'initiative de la Société Géographique d'Edimbourg, et réunit en Egypte principalement, en Angleterre, en Belgique, en Italie, plus d'un million pour couvrir les frais de l'expédition. »

Cette campagne, qui grandit encore le renom de l'intrépide voyageur, valut à l'Etat Indépendant du Congo l'exploration de l'Aruhimi jusqu'au lac Albert-Edouard et fit connaître au monde la grande sylve africaine, mystérieuse et merveilleuse

« En même temps, continue Lanier, les Allemands, désireux d'étendre leurs possessions orientales jusqu'au lac Victoria, envoyaient une mission de secours sous les ordres du capitaine Wismann. Elle se préparait à Zanzibar, quand on apprit le retour de Stanley et d'Emin-Pacha avec une énorme provision d'ivoire.

» Aussitôt guéri des suites d'une terrible chute qui, à Bagamayo, avait failli causer sa mort, Emin entra au service de l'Allemagne, et partit avec le docteur Stuhlmann pour explorer les territoires soumis au protectorat allemand, entre le lac Victoria et l'Albert-Edouard, et reconquérir le pays de Wadelaï (1891). Les voyageurs reconnurent le plateau neigeux, véritable Suisse africaine, qui s'élève au Nord-Ouest de l'Albert-Edouard, et dont les pics dépassent 4,600 mètres; ils pénétrèrent dans la grande forêt de l'Ituri, que les Manyéma de Niangwe, à la solde des traitants arabes, ont réduite à l'état de désert, par leurs dévastations et leurs razzias d'esclaves (2); ils explorèrent les rives

---

(1) Lanier se trompe : Falika était un lieu presque désert ; les stations où Emin était resserré étaient Lado, Dufilé, Labori et Wadelaï.

(2) Depuis le passage de Lothaire, de nombreuses stations y ont été élevées, et le pays a repris son ancienne prospérité.

du lac et les montagnes qui séparent le bassin du Congo et l'Ituri du bassin du Nil et du Semliki, et durent reculer, devant la famine et les naturels, jusqu'à Bakoba, sur le lac Victoria. Emin était à peu près aveugle. »

Il mourut en 1893, assassiné. Dhanis a puni le meurtrier et retrouvé les papiers d'Emin.

On voit combien était sombre la situation de la province Equatoria, dont ont pris possession les Belges au commencement de l'année 1897. Les derviches y régnaient en maîtres; les indigènes, pressurés, rançonnés, pillés de toutes les façons, étaient devenus, à l'égard des étrangers, d'une méfiance légitime mais féroce.

Bref, cette immense contrée était au pouvoir des derviches.

La guerre du Soudan.

Jetons un coup d'œil rapide sur les événements qui avaient créé cette situation.

Les troupes anglaises étaient, dit-on, sur le point d'évacuer l'Egypte, lorsqu'arriva la nouvelle du désastre subi dans le Soudan par le général anglais Hicks, qui commandait les troupes égyptiennes.

De 1820 à 1876, les Khédives avaient étendu leur empire jusqu'à l'équateur, sur plus de 30 degrés de latitude; ce système de conquête à outrance avait élevé à près de trois millions de kilomètres carrés, la superficie totale du territoire soumis à l'Egypte. Mais les prédicateurs de l'islamisme, agents infatigables des ordres religieux qui couvrent de leurs réseaux l'Afrique et l'Asie, de Samarcande à Mogador, et de Constantinople à Toumbouktou, préparaient la guerre sainte; ils avaient pour complices les marchands d'esclaves, dont les missions et les explorations européennes gênaient le libre trafic ou compromettaient les bénéfices. L'insurrection fut organisée au Soudan en 1881, en même temps que le parti national, dirigé par Arabi-Pacha, se soulevait au Caire. Les Bagaras, marchands de chair humaine, choisirent pour *maître de l'heure* un Khouan nubien de Dongolah, de naissance obscure, fils d'un charpentier, nommé Mohammed-Ahmed. Depuis quinze ans affilié à la confrérie de Sidi-Abd-el-Kader-et-Djilani, instruit par les derviches de Khartoum et de Berber, élevé lui-même au rang de derviche, Mohammed-Ahmed, qu'on désigne sous le nom de *Madhi*, commença sa vie d'anachorète. Atteint de délire d'ambition, épileptique, comme tous les fondateurs de religion, il eut des hallucinations auditives et visuelles de nature religieuse, qui déterminèrent sa conduite, lui inspirèrent une foi ardente et lui donnèrent la vertu de fasciner les foules. Il se retira dans un îlot du Nil, l'îlot d'Abba, s'y choisit une grotte dans une fente des rochers, s'adonna à une dévotion outrée, prières, jeûnes, abstinences, extases, vivant d'aumônes, parlant peu et par sentences, et passant ses jours et ses nuits à pleurer sur la corruption et les péchés des hommes. Sa réputation de sainteté s'étendit d'Assouan à Khartoum ; des fanatiques se groupèrent autour de lui, il fonda une école, et, en 1881, annonça tout à coup à tous les cheiks et à tous les derviches que Mahomet lui était apparu (hallucination visuelle), et lui avait confié la mission divine (hallucination auditive) de réformer l'Islam, d'établir l'égalité entre tous les croyants et de fonder un royaume nouveau. Le mandement se terminait par un appel aux armes (1).

____

(1) Le prestige du Mahdi est une légende connue de ceux qui s'intéressent aux choses de l'Islam.

Mahomet avait légué son pouvoir religieux à son gendre Ali, époux de sa fille Fatime. Mais Abou Bekr s'empara du Khalifat, au détriment d'Ali, et prétendit réunir la puissance civile et religieuse, tandis que les partisans d'Ali affirmaient la séparation des deux pouvoirs et demeuraient fidèles au caractère sacré de leur iman.

Ali se réfugia en Arabie et transmit l'imanat à sept de ses descendants. Le dernier, Ismaïl, eut un fils, Mahommed *el Mahdi* ou *le Désiré*, qui disparut mystérieusement à l'âge de onze ans. Suivant les adeptes de la secte, il n'est pas mort, et Allah s'est réservé de le renvoyer sur la terre, comme un autre Messie, pour restituer à l'Islam la pureté primitive.

Ceux qui reconnaissent au khalife de Constantinople la dignité d'iman ou chef su-

Le gouverneur égyptien du Soudan, Réouf-Pacha, envoya trois mille hommes contre le prophète rebelle. Ils furent battus dans deux rencontres (7 décembre 1881). En 1882, le Mahdi détruisit successivement trois détachements égyptiens aux environs de Khartoum (janvier, juin, juillet) ; à la suite de chaque défaite, les soldats du Khédive étaient impitoyablement massacrés. Les populations enthousiastes grossissaient de jour en jour les bandes du Mahdi ; entre Arabi, maître de la Basse-Egypte, et Mohammed-Ahmed, maître du Soudan, le Khédive semblait perdu. Le bombardement d'Alexandrie et la défaite d'Arabi à Tell-el-Kébir par les Anglais arrêta un instant la marche en avant du Mahdi. Il s'empara d'El-Obeid, capitale du Kordofan, y laissa une garnison, et marcha sur Khartoum. Le Khédive résolut d'envoyer une armée pour défendre cette ville, mais quand les ministres voulurent la lever, soldats et officiers égyptiens refusèrent d'aller se battre sur le Nil Blanc. Le gouvernement de la Reine se substitua alors au Khédive impuissant. En y mettant le prix, il enrôla dix mille hommes ; ces troupes achetées chèrement furent commandées par le général Hicks-Pacha, ancien colonel de l'armée des Indes, officier d'une rare énergie, qui avait fait la campagne d'Abyssinie contre Théodoros. La colonne qu'il commandait comptait quarante-deux officiers européens. Elle s'embarqua à Suez pour Souakim à la fin de décembre 1882, traversa le désert, rejoignit le Nil à Berber et le remonta jusqu'à Khartoum, en endurant des fatigues inouies. Le général se

---

prème de la religion musulmane sont les *sunnites*. Ceux qui attendent la venue du Mahdi ou qui croient qu'il a déjà accompli sa mission sont des *chyites*.

Les Derviches du Soudan se croient donc les soldats du véritable iman : ils arborent l'étendard du Mahdi et croient faire œuvre sainte en combattant l'usurpation religieuse en la personne du khédive d'Egypte, vassal ou préfet du Sultan, continuateur de la confusion sacrilège commise par Abou Bekr. Les chyites ont, d'ailleurs, de nombreux adeptes en Arabie, en Perse, etc.

Telle est la raison du fanatisme, jusqu'ici irréductible, des soldats du prétendu Mahdi.

dirigea de là sur El-Obeid. On fut plusieurs mois sans nouvelles de l'expédition. Un renfort de cinq cents hommes lui fut envoyé au mois de novembre 1883. On apprit presque en même temps que ce renfort, surpris le 6 dans les gorges de Tokar, à 100 kilomètres au sud de Souakim, avait été exterminé par les montagnards gagnés à la cause du Mahdi, et que le 3 novembre, à Hashgate ou Kashgil, dans un défilé inconnu du Kordofan, le général Hicks, enveloppé par les troupes des derkaoua du Mahdi, avait été massacré avec toute son armée, après une lutte désespérée qui n'avait pas duré moins de trois jours (1)! Tokar fut occupé par les rebelles, et Khartoum menacé. — Une nouvelle colonne partit de Souakim sous la conduite de Baker-Pacha, pour dégager la place de Singat, située à 60 kilomètres de la mer. A peine débarquée à Trinkitat, elle fut attaquée et mise en déroute par les rebelles (4 février 1884) ; Baker perdit ses munitions, canons, équipages, chameaux, et près des deux tiers de son armée. Singat fut prise, et la garnison massacrée.

Ces désastres rapides et inattendus humiliaient le prestige de l'Angleterre : le mouvement de l'opinion publique contraignit le gouvernement à une intervention directe. Déjà, à la fin de janvier, le cabinet de Londres avait confié à Gor-

---

(1) Quand Chaltin s'empara de Redjaf, le 17 février 1897, il y avait quatre Européens détenus dans la place, et parmi eux un Anglais du nom de Hackiff, qui avait échappé au massacre de Kashgil. Ce prisonnier ne fut pas tué au cours de l'assaut. Les derviches, en battant en retraite, l'emmenèrent à Bôr. Chaltin obtint ces renseignements de derviches déserteurs, et ceux-ci ajoutèrent que les quatre Européens prisonniers à Bôr avaient tenté l'impossible pour rejoindre les Belges ; mais ils étaient gardés étroitement. De son côté, si grand qu'en fût son désir, Chaltin ne put rien pour leur délivrance.

Il y a quelques mois, l'émir Arabi, chef des mahdistes battus à Redjaf, fit rétablir par ces blancs le steamer qu'il avait sauvé du désastre et fait démonter dans la crainte qu'on s'en servît pour fuir. Ensuite il demanda à ses hommes s'ils savaient en faire autant : démonter, réparer, remonter le steamer. Ceux-ci ayant répondu : oui, l'émir trouva inutile de conserver les blancs, et il les fit assassiner.

A Khartoum, les derviches ont 5 vapeurs, qui ont maintes fois fait le service entre cette place et Redjaf.

don-Pacha, ancien gouverneur du Soudan, la mission de se rendre à Khartoum par la route du Nil et d'y faire une enquête sur la situation militaire et les mesures à prendre pour assurer la sécurité de la population européenne de Khartoum. Il avait aussi l'ordre de s'opposer à la traite des esclaves.

Le général arriva sain et sauf à Khartoum. En même temps un corps de troupes anglaises, sous les ordres du général Graham, infligeait un premier échec à Teb au lieutenant du Mahdi, Osman-Digma (29 février 1884). Le 13 mars, l'infanterie anglaise, divisée en deux carrés, rencontra l'armée ennemie dans les environs de Souakim, à Tamanieh. Après un sanglant combat pendant lequel les Soudaniens, luttant avec toute la fureur du fanatisme, furent un instant maîtres d'une partie de l'artillerie anglaise, Osman-Digma fut vaincu, son camp incendié, son étendard, ses bagages pris, et cinq mille de ses soldats tués. L'amiral Hewett fit mettre à prix la tête du lieutenant du Mahdi dans une proclamation que les ministres anglais désavouèrent. Souakim était sauvé, et le littoral de la Mer Rouge garanti ; mais Osman-Digma n'avait pas désarmé. Tandis que les troupes anglaises rentraient à Suez, les insurgés du Soudan coupaient les communications entre Berber et Khartoum et bloquaient cette ville. Une heureuse sortie de Gordon sur Halfiyeh ne réussit pas à dégager la route du Nord, et elle se referma derrière les masses grossissantes des fantassins et des cavaliers du Mahdi (avril 1884). En vain, pour se concilier la population, Gordon, l'apôtre de la liberté des noirs, promit de maintenir l'esclavage. Les tribus continuèrent à se rallier au prophète ; Berber et Schendy tombèrent entre ses mains ; le 6 octobre, le colonel anglais Stewart fut massacré avec ses compagnons de route. Sous la pression de l'opinion publique, le gouvernement anglais se décida à envoyer un corps de 10,000 hommes pour sauver Gordon et débloquer Khartoum ; lord Wolseley en eut le commandement. L'expédition, préparée avec le

plus grand soin, remonta péniblement le Nil et ses cataractes sur une flottille de chalands et vapeurs. On n'avait
plus que de rares nouvelles de Gordon, et les messages deve-
naient suspects.

Le 16 janvier 1885, tandis que la colonne Earle suivait le
Nil, la brigade Stewart, qui marchait de Korti sur Metam-
meh pour tourner la position de Berber, rencontra les Soudaniens non loin des puits d'Abou-Klea, et les écrasa après
un combat acharné, où le général fut blessé à mort. Le 28,
les steamers de Sir Wilson, arrivant devant Khartoum,
furent accueillis à coups de canon. La ville, livrée au Mahdi
par le gouverneur égyptien, venait de capituler, et le
héros Gordon, avec une partie de la population, avait été
massacré. Les Anglais durent battre en retraite sous le feu
des batteries soudaniennes. La campagne était perdue, le
sort de l'armée compromis, le prestige britannique atteint
en pays musulman. Lord Wolseley résolut d'occuper Berber
à tout prix, de s'y établir pendant la saison chaude, d'ouvrir
par Souakim et la Mer Rouge des communications avec
l'Angleterre et d'attendre dans ses campements du Nil le
corps d'armée que la métropole lui enverrait.

Le général Earle, en marche sur Berber, rencontra entre
Kerbikan et Dulka les bandes du Mahdi, les délogea de
leurs retranchements, mais se fit tuer héroïquement dans
un assaut à la baïonnette. Le général Graham fut placé à la
tête de l'armée de secours qui devait marcher de Souakim
sur Berber. Mais les deux combats acharnés qu'il livra près
de Tamai ne laissèrent aucun espoir sur le succès de cette
tentative téméraire (18-20 mars 1885). Le cabinet Gladstone
se résigna à l'humiliante évacuation du Soudan, il reporta
les frontières de l'Egypte à Wady-Halfa et Assouan.

Le Mahdi mourut, les Soudaniens n'entrèrent pas dans
le Delta; les Anglais continuèrent à l'occuper militairement
et à l'administrer comme un pays conquis.

Il n'aurait vraiment pas fallu connaître cette grande nation
anglaise pour croire qu'elle resterait éternellement sous la

mortification de cet échec. La fierté britannique ne capitule jamais. Dix ans plus tard, grâce au sirdar Kirtchener, le pavillon égyptien flottait de nouveau sur le moudirieh de Dongolah. Et au théâtre à Londres, faisant allusion à ce beau fait d'armes et à la mort de Gordon, l'acteur Terris s'écriait, aux applaudissements de l'assistance : « L'œuvre que ce héros tenta d'accomplir à lui seul, elle devra être reprise par la nation britannique à de bien plus grands frais ».

Depuis, le général Kirtchener a remporté une brillante victoire sur les rives de l'Atbara, et son armée occupe présentement la région comprise entre cette rivière et le Nil. Elle est donc proche de Khartoum. A l'heure où nous écrivons, le gros des forces anglaises chargées de tenter la prise de Khartoum est maintenant arrivé à Metemmeh, sur le Nil, à l'endroit même où l'expédition britannique, en allant au secours de Gordon pacha et commandée par le général Herbert Stewart, fut décimée en 1884. L'attaque et la prise de Khartoum ne paraissent plus être qu'une question de jours. Des nouvelles venues de Wad-Hamed (Haute-Egypte) disent que toute l'armée anglo-égyptienne, à l'exception d'une brigade d'infanterie qui n'est pas encore arrivée au camp, a opéré sa concentration le 25 août, et que son avant-garde, commandée par le général Hunter, marche sur Khartoum. La cavalerie et les canonnières ont poussé des reconnaissances jusqu'à 30 milles de cette ville fameuse. Le nombre d'hommes maintenant concentrés à Wad-Hamed, en vue de la conquête de Khartoum, est d'un peu plus de 20,000, dont un noyau de troupes anglaises et la majeure partie égyptiennes, opérant sous le commandement d'officiers anglais. Anglais comme Egyptiens marchent à dos de chameaux. De Wad-Hamed, l'ensemble des troupes marcherait, aujourd'hui, sur Hegair, puis sur Omdurman, la dernière étape vers Khartoum. C'est à Omdurman, paraît-il, que le Khalife concentre ses troupes de résistance, là que s'écroulera probablement, au profit de l'Angleterre, la fanatique domination des Mahdistes.

Bien que sir Herbert Kirtchener ait disposé d'assez longs délais depuis la victoire de l'Atbara, on peut dire qu'il n'a pas laissé s'écouler un jour sans le mettre à profit, et que tout est parfait dans ses opérations d'entrée en campagne, où l'on voit les troupes gagner chaque jour quelques heures sur les indications d'étapes les plus largement comptées. Longtemps avant les dates stipulées, des corps de troupes venus de très loin arrivaient aux campements indiqués et y trouvaient absolument tout ce qui leur était nécessaire : armements, équipements, munitions, montures, attelages, plus une flotille de canonnières à vapeur amenées à grand' peine par dessus les cataractes, au prix de difficultés inouïes.

Le personnel de santé était au complet dès avant le départ, les fils télégraphiques et téléphoniques étaient posés en avant des points d'étapes, les dépôts de vivres abondaient, et l'on avait tenu un compte exact de la crue du Nil. En un mot, sir Herbert Kirtchener a brillé bravement là où tant de généraux sont médiocres : l'organisation et l'intendance.

Le sirdar Kirtchener arrivera à Khartoum, cela ne laisse aucun doute. Mais nous constatons qu'il n'y est pas encore (1).

____

(1) Il est certain que dans la pensée des hommes d'Etat anglais, de lord Salisbury comme de M. Chamberlain, Khartoum n'est qu'une étape sur le chemin de l'Ouganda et des grands lacs équatoriaux. Les Anglais veulent être maîtres non seulement de l'Egypte mais de ses dépendances, c'est-à-dire du Nil tout entier.

En 1882, ils ont offert à la France de partager avec eux ce magnifique empire. La France timorée a refusé. Ils le gardent pour eux seuls ; et ils espèrent souder dans peu d'années l'empire anglo-égyptien à celui que Cecil Rhodes leur a conquis au sud des grands lacs.

En mars 1896, quand s'ouvrit la campagne contre les Derviches, le chemin de fer égyptien ne dépassait pas Assouan, qui était relié par une ligne de bateaux à Wady-Halfa, limite de l'occupation à cette époque. Aujourd'hui le point terminus du chemin de fer est à Berber, à deux mille kilomètres d'Alexandrie.

Et pendant que la voie ferrée égyptienne, suivant la marche du corps expéditionnaire du Soudan, s'avance rapidement vers le Sud, les chemins de fer de l'Afrique australe sont poussés vers le Nord.

Quand les deux lignes se rencontreront-elles ? Dans dix ans ? dans vingt ans ? On ne

*

Plus prompts ou plus heureux, les Belges sont à Redjaf depuis un an et demi.

Il faut savoir que Khartoum et Redjaf étaient les deux grandes places fortes des Mahdistes : la première au nord, la seconde au sud de leur territoire. De là, ils rayonnaient, s'étendaient, poussaient des reconnaissances offensives en Egypte et dans l'Etat indépendant du Congo.

Les opérations des Anglais et des Belges sont devenues similaires et connexes. Ils doivent agir simultanément au nord et au sud des territoires des Derviches, afin que ceux-ci, pressés des deux côtés, n'aient d'autre recours que de se réfugier dans les déserts stériles et insalubres de la Lybie méridionale. Ce qu'il faut avant tout, c'est que la libre navigation soit rétablie sur le Nil, entre Khartoum et Redjaf. Une fois ces deux têtes de ligne au pouvoir des Européens, ces deux bases assurées, la conquête de l'Afrique centrale ne tardera guère à s'accomplir pour le plus grand bien de l'Europe.

Il est certain que, dans cette guerre livrée aux derviches, une entente — mettons qu'elle ne soit que tacite — existe entre l'Angleterre et l'Etat indépendant du Congo. Est-ce que le 14 août 1894, ces deux puissances n'ont pas signé un traité par lequel l'Etat du Congo voit s'étendre sa sphère d'influence jusqu'au Nil ?

Déjà, grâce à Vankerkhoven, à Francqui, à Milz, à Christiaens, nous avions repoussé, avec plus ou moins de bonheur, les incursions des Derviches sur notre territoire. L'expédition Vankerkhoven s'était avancée jusqu'à quatre jours de marche de Wadelaï. Il fallait mieux : enlever aux Derviches leur camp retranché du Sud, s'y établir, y créer un rempart assez solide pour assurer la sécurité de l'Etat vers le nord-est.

---

sait : mais le grand projet anglais « Du Cap à Alexandrie » sera exécuté, et nos lignes du Congo y viendront aboutir. Réjouissons-nous à cette pensée : en politique et en affaires, les Anglais valent mieux que la réputation que leur ont faite les Français. Sans être très accommodants, ils sont foncièrement honnêtes. Pourquoi redouterions-nous leur voisinage ?

Chaltin.

Cette opération importante, qui réclamait tant de tact, de sang-froid, d'audace et de science, fut confiée à un jeune capitaine commandant de notre armée, lequel, par ses services antérieurs, l'heureuse issue de toutes ses expéditions, offrait le plus de garanties.

Nous ne répéterons pas ici sa biographie. Nous rappellerons seulement que son passé le désignait tout naturellement à ses chefs pour l'accomplissement de cette périlleuse entreprise.

Chaltin est un soldat heureux. C'est l'enfant chéri de la victoire, comme Masséna. En 1893, il triomphe au Chari ; puis il intervient heureusement aux Falls, où il achève la victoire de Tobback sur Rachid. Au commencement de l'année 1896, il bat les chefs M'Bili, M'Bima et N'Doruma, de la région de l'Uellé, révoltés depuis longtemps contre l'autorité de l'Etat. On se souvient que le chef N'Doruma avait traîtreusement fait assassiner, le 19 mars 1895, le lieutenant Janssens et le sergent Van Holsbeek, et que M'Bili avait fait mettre à mort le capitaine Bonvalet et le sergent Devos. Jusqu'ici ces crimes étaient restés impunis.

La vaillance de Chaltin lui valut la croix de chevalier de l'Ordre de Léopold.

Marche vers le Nil.

Les troupes appelées à faire partie de l'expédition vers le Nil furent réunies à Dungu dans les premiers jours de décembre 1896. Le 14, elles se mirent en marche et arrivèrent le 23 à Surrur, au confluent du Kibali et du N'Zoro, où Chaltin décida de construire une station qui devint le chef-lieu de la zône des Makrakras. Il appela Surrur *Vankerkhovenville*, en souvenir du valeureux capitaine qui avait, en 1893, conduit ses hommes jusqu'aux portes de

Wadelaï, et dont la brillante carrière s'était, quelques jours plus tard, terminée brusquement dans les circonstances tragiques que l'on sait.

Ce poste avancé de Surrur sert aujourd'hui plus utilement de base d'opération que Dungu. Il constitue une forte position, tant au point de vue tactique que stratégique. Enfermé dans une immense branche de la rivière Kibali, il est protégé par elle, sauf vers le sud et le sud-ouest, mais là, des montagnes aux cols étroits l'enferment. Par un de ces cols passe la route de Dungu, qu'avait suivie l'expédition.

Le Gaïma.

Au reste, le seuil du poste de Surrur-Vankerkhovenville est défendu par le Gaïma.

C'est un amoncellement de roches, qu'on aperçoit de loin, sous le ciel de feu, d'abord comme une tête ornée de deux cornes, la tête d'un bélier, celle de Lucifer ou celle de Georges Dandin ; ensuite comme une merveille. Le colosse prend tout le regard. Est-ce une forteresse, une cité babyonienne aux mille palais, une cathédrale monstre ? C'est tout cela à la fois, et ce n'est rien de tout cela. Le hasard, un caprice de la nature a taillé ces roches comme n'eût pu y réussir un statuaire, et les a assemblées pour en composer des constructions qu'un architecte génial n'eût point imaginées. Ici ce sont des flèches d'une finesse si délicate qu'elles tremblent dans l'air ; là de sveltes coupoles, ruisselantes des feux du jour ; plus loin des blocs lourds et larges qui éveillent l'idée de ces forteresses antiques dont Flavius Josèphe nous a laissé la description.

La surprise et le ravissement augmentent à mesure qu'on approche : entre ces semblants de palais et de temples, il y a des coins de verdure adorables. Jardins suspendus, parcs aériens, enchantement ! Approchez encore et les formes de la pierre s'accuseront plus nettes : vous verrez des groupes de soldats escaladant le rocher, comme s'ils montaient à l'assaut; un vieillard géant assis au bord d'une crevasse, les coudes sur les genoux, la tête dans les mains ; des dragons et des hippogriffes, toute une faune monstrueuse évoquant les âges préhistoriques ; des sentinelles qui surveillent les remparts : chaque bloc, chaque pierre représente, par sa forme ou son emplacement, un objet connu ou imaginé.

A de certains endroits, la bouche béante d'un précipice donne le vertige. Le gouffre est sans fond ; des écroulements de rocs le troublent perpétuellement, et, en s'y penchant, on écoute avec effroi mugir ces fosses à tonnerres.

Entre les entassements de roches, on distingue de beaux villages, des cases sous la verdure, des terrains cultivés. Une population y prospère ; les cases sont riantes, les fruits abondants, les troupeaux nombreux. Des milliers d'habitants ont trouvé un refuge naturel dans les grottes.

Ces montagnards, grâce à leurs blocs de pierre, leurs abris, leurs couloirs, leurs précipices, peuvent défier des armées de cent mille hommes. Allez surprendre les aigles dans leur aire ! Il faudrait les enfumer dans les grottes pour les en déloger et les saisir. Et pourtant ils sont si doux et si bêtes, qu'ils ont permis à leur chef Dima de se soumettre à l'Azandé Ukwa. Dima, fort brave homme, reçut les nôtres avec orgueil, et il leur fit les honneurs de son fantastique domaine, les promenant partout ahuris, émerveillés, tandis que le soleil faisait monter le thermomètre au dessus de 60° !

Un temps viendra où les touristes iront contempler les merveilles du Gaïma, comme il font aujourd'hui pour celles du Parc National aux Etats-Unis.

Marche vers le Nil (*suite*).

Les forces dont disposait Chaltin furent réparties comme suit :

1er peloton,	lieutenant	Kops,	100	soldats
2e id.	id.	Gehot,	97	id.
3e id.	sous-lieut.	La Plume,	100	id.
4e id.	serg.-maj.	De Backer,	100	id.
5e id.	prem.-serg.	Goebel,	100	id.
6e id.	id.	Dupont,	100	id.
7e id.	sergent	Cajot,	100	id.

Cajot étant spécialement chargé du service du canon (c'était un ancien sous-officier d'artillerie), les artilleurs furent incorporés dans son peloton.

Il y avait en outre 19 musiciens et une section de 32 hommes commandés par le lieutenant Saroléa, sous les ordres et la direction duquel furent placés les 250 porteurs.

Les chefs Azandés, Renzi et Bafuka, renforçaient l'expédition avec 50 fusiliers et 500 lanciers.

Ils la rejoignirent le dimanche 27 décembre, amenant, outre leurs combattants, environ 400 porteurs. Leur concours n'était pas désintéressé: Bafuka ne réclamait rien pour lui, mais il appuyait les exigences de Renzi, qui demandait à entrer en possession des Etats de son père Wanda, dépossédé jadis par Ukiva. Chaltin, qui ne s'attendait pas à celle-là, et qui, par prudence, ne voulait rien promettre, fit observer à Renzi que sa carte ne mentionnait pas ce territoire... et Renzi se contenta d'un procès-verbal de l'entretien.

L'ordre de marche adopté fut le suivant :

Avant-garde. 2 pelotons détachant à 300 mètres en avant une pointe de 50 hommes.

Gros. 4 pelotons et l'artillerie.

Arrière-garde. Bagages, 1 peloton, 1 section.

Extrême arrière-garde. Impedimenta et Azandés armés de lances.

Flanqueurs. Lanciers de Renzi et de Bafuka.

Cette troupe quitta Surrur le 1er janvier 1897. Elle traversa le pays des Loggos, paisibles et très intelligents cultivateurs. Dans leurs immenses champs cultivés se dressent des observatoires hauts de 5 à 6 m., sur lesquels sont juchés des enfants qui crient, chantent, piaillent pour effrayer les granivores.

Le 16, après le passage de la Dungu, au village du chef Vula, la colonne fut attaquée. Vers l'est, apparaissent les hauteurs de la ligne de partage des eaux du Nil et du Congo. Le 18, après s'être engagée dans le col de Tendia, l'expédition se trouve dans la vallée du Nil. La région est montagneuse, les monts Kido, Kissimbo, Wotogo (Vatako de Junker) et Kulungu dressent leurs cimes. Le pays est habité par les Adretus, non moins paisibles cultivateurs que les Loggos. L'occupation turque a exercé chez ces deux tribus la plus salutaire influence : les instruments de travail, les modes de culture y sont moins primitifs qu'ailleurs ; ces peuples ont le sens industriel très développé ; ils tressent des cordes, fabriquent des poteries remarquables, et font une très copieuse consommation de bière d'éleusine.

Et le thermomètre, au soleil, marquait toujours 60° !

Le 23, la colonne est au pied du mont Adra, où Chaltin a fondé un poste. La population y est très dense. Les indigènes se montrèrent, au début, aussi agressifs que les abeilles qu'ils élèvent avec beaucoup d'art.

Au mont Aléma, les hostilités cessèrent, plus de flèches empoisonnées ; ces gens — des Kakwas — se souvenaient des bons rapports qu'ils avaient entretenus avec Delange, Delbruyère, De Graeve, Gustin et Hoffman. Ils en parlaient avec attendrissement et reconnaissance. Chaltin apprit d'eux que les Egyptiens avaient poussé jusque-là du temps d'Emin, mais que la plupart de leurs chefs, dont Fadh-el-Moulah, ainsi qu'un grand nombre de leurs soldats, et l'interprète arabe Suleyman, avaient été tués par l'émir Arabi, commandant des forces derviches du sud, dont le vaste camp retranché était à Redjaf, sur la rive droite du Nil, tandis que Lado était tout à fait abandonné, comme Gondokoro, Bedden et Wadelaï. A une journée de marche du mont Alema, les derviches faisaient des razzias.

Le contact de nos troupes avec ces musulmans ne tarde-
rait guère, et, d'autre part, Chaltin comprit que c'était sur
Redjaf qu'il devait se porter.

Il demeura quelque temps auprès de ces Kakwas, afin de
modifier ses dispositions, donner de nouveaux ordres. Il
eut ainsi le loisir d'étudier de près les mœurs et les coutumes
très originales de cette peuplade, où les hommes n'ont pour
tout vêtement qu'un morceau de peau de bête de quelques
centimètres carrés, qu'ils portent... sous le bras! Les femmes,
d'une pudeur extrême, se voilent comme les musulmanes,
avec, par surcroît, des anneaux de fer aux poignets et aux
biceps et des colliers qu'on est tenté de confondre avec des
anses de marmites.

Au mont Loka, dans une contrée fertile, Chaltin résolut
d'installer un poste. Ce projet fut réalisé plus tard, le
8 avril.

Mais à mesure qu'il avançait, l'hostilité des indigènes
se manifestait de nouveau. Des soldats d'avant-garde furent
assassinés. Les Badjuras et les Fadjgellus furent particulièrement cruels. Ces derniers sont très tatoués : une série de
points part du sommet du front et converge vers la naissance de nez. Ils courent nus comme vers, tandis que leurs
femelles dérobent leurs charmes par mille moyens ingénieux.

Mais, hélas! dans quel désert la colonne s'engageait : de
la roche, des cailloux roulés, peu de verdure, plus d'arbres
et les rivières à sec! Autour des rares et pauvres villages,
des puits profonds contenant une eau saumâtre, jaunâtre,
répugnante.

Les Baris.

Le 13 février, l'expédition Chaltin mettait le pied sur le
territoire des Baris.

Cette peuplade s'étend sur la rive gauche du Nil depuis
Wadelaï jusqu'à Bôr. Elle se subdivise en Fadgellous,
Legué, Mandaris. Chirs, Koukous et Lirius. Hommes et

femmes offrent des types de nègres superbes, hauts de taille, admirablement proportionnés. Peu tatoués, certains portent le stigmate de l'esclavage employé par les Egyptiens : trois coupures obliques et parallèles dans chacune des joues. Ils sont audacieux, hardis, violents, d'autant plus que leur énergie native est décuplée par la lutte perpétuelle à laquelle est soumise leur existence. Habitants d'un pays pauvre et stérile, la majorité ignorent les calmes occupations du labour, bien que tous élèvent du bétail : chaque morceau de nourriture qu'ils portent à la bouche est acheté au prix de luttes sanglantes contre les animaux qui pullulent dans la région. Ce sont des chasseurs éprouvés et fougueux, qui ont beaucoup souffert de la présence des derviches, et qui vivent misérablement. Ils demeurent dans de petites cabanes dont les parois sont en pierres et dont l'ouverture, par crainte des fauves, est si étroite qu'on se demande comment ils font pour y entrer. Rares sont ceux, ai-je dit, qui demandent leur subsistance aux travaux des champs ; ils mangent des fruits sauvages, quand le gibier leur fait défaut. Ils ignorent les bananes, les patates douces, les ignames, les légumes. Pourtant ils ne sont pas anthropophages. Aucun arbre propre à la construction ne croissant dans la contrée, ils n'ont pas de pirogues et traversent le Nil à la nage, en s'aidant d'une pièce de bois très léger, *tororo*, qu'ils s'ajustent sous le corps. Ce sont d'intrépides nageurs : on s'en convaincra en considérant que le Nil a chez eux plus de 800 m. de largeur, et que le courant en est d'une force extraordinaire. L'existence des Baris est toute d'inquiétudes, d'alertes : une multitude d'animaux sauvages et féroces rôdent autour de leurs villages, cherchant une proie ; ce sont les serpents, les hyènes, les lions, les éléphants, les hippopotames, les crocodiles, les léopards, les chimpanzés, les rhinocéros, les buffles, etc., etc. Les léopards y sont tellement redoutables, que les courriers refusaient de marcher la nuit. Quant aux hyènes, friandes de cadavres, elles se portent en bandes innombrables au pied du mont Redjaf, emplacement arrêté

par Chaltin pour cimetière, et où reposent, sous des amon-
cellements de grosses pierres contre lesquelles l'effort des
hyènes est vain, les restes des braves qui tombèrent à
l'assaut de Redjaf, comme Saroléa, ou qui périrent à la suite
de blessures, de privations, comme l'héroïque Cajot et tant
d'autres, dans ce pays abominable. Ajoutez à cette faune
horrible les moustiques, les fourmis, les rats, et même
des tortues dont la carapace mesure jusqu'à 3 m. c. C'est
à se croire aux Galapagos, et aussi chez les Kroumirs,
à cause des nuées de sauterelles qui donnent la triste illu-
sion, dans le lointain, d'une longue chaîne de montagnes.

Le long du Nil, les tremblements de terre sont fréquents.
Ils soulèvent les eaux à des hauteurs vertigineuses, et quand
ils ont cessé, sur les rivages frétillent des quantités innombrables de poissons. Cette manne aquatique et toujours op-
portune est accueillie avec des transports de joie frénétiques,
qui font place, sans transition, à la terreur causée par la
commotion terrestre.

Voici l'explication fabuleuse que donnent les Baris de ce
phénomène : sur la rive gauche du Nil, à 400 m. du camp,
se trouve le mont Redjaf, qui est uni par les doux liens de
l'hyménée à un autre mont de la rive droite. Redjaf est le
mari. Quand les oscillations terrestres suivent la direction
ouest-est, c'est que Redjaf est en colère contre son épouse.
On n'y attache pas d'importance, mais les oscillations est-
ouest sont plus terribles et plus longues : madame est en
courroux. Redoutant les fureurs de cette Junon de pierre,
les Baris lui immolent des génisses...et s'en régalent après.

Le mont Redjaf a le gaz à tous les étages, comme un
hôtel cossu. Est-ce de l'hydrogène carburé ou phosphaté ?
Est-ce du grisou ? Parfois le soir, la montagne est toute en
flammes ; des serpents de feu glissent le long de ses flancs,
des bouquets ardents jaillissent de sa cime, et dans la nuit
ce devient un immense brasier qui éclaire l'horizon. Fris-
sonnant d'effroi, les noirs regardent brûler le géant. Il se
consume, les feux s'éteignent, demain le mont Redjaf se

sera fondu, il ne restera plus rien de lui qu'un monceau de cendres. Et le lendemain, à l'aube, on regarde le mont Redjaf, toujours debout, profilant son cône aigu sur le ciel, comme purifié par les éruptions de son feu intérieur.

Parmi les phénomènes météorologiques qui se manifestent au pays des Baris, n'oublions pas de citer celui dont les membres de l'expédition furent les témoins ravis : le 17 novembre 1897, vers les huit heures du soir, alors que, depuis deux heures, le soleil était couché, et que la lune brillait de tout son éclat, surgit soudainement un arc en ciel d'une beauté extraordinaire : la couleur orange était la mieux marquée. Un arc en ciel nocturne est un phénomène assez rare pour être mentionné ici.

A cette vue, les Baris se livrèrent naturellement aux suppositions les plus insensées.

Mais si superstitieux qu'ils soient, ils meurent avec indifférence, même s'ils sont condamnés pour d'horribles forfaits. Quatre chefs Baris, coupables d'un crime, furent mis à mort : ils se laissèrent exécuter sans la moindre émotion.

Les biens d'un Bari reviennent, après sa mort, en grande partie, à son fils aîné. Si l'enfant est trop jeune pour les gérer, le frère du défunt s'en charge temporairement.

Comme on s'en doute, la région occupée par les Baris est malsaine, stérile, si pauvre, que nos valeureux compatriotes, ainsi que les noirs qu'ils conduisaient, souffrirent bien des fois les tortures de la faim.

Qu'on se figure un pays sans verdure, et presque sans eau : un sol rocheux et si brûlant, que les noirs, habitués à courir pieds nus, y chaussent des sandales de cuir ; çà et là des arbres à épines noirs, rabougris, sans ombre ; des rivières desséchées pendant sept mois de l'année, des marais pestilentiels.

Voilà le pays des Baris, voilà le pays de Redjaf, comme il s'offrit aux regards consternés des nôtres.

Plus tard, établis au camp, il fallait envoyer de véritables expéditions à huit jours de marche pour se procurer des

vivres, et quelle désolation dans le camp quand elles reve-
naient ayant fait buisson creux !

A l'époque d'extréme disette, quand on avait la chance de
tuer un éléphant, il fallait voir ces pauvres affamés se jeter
à la curée. Autant de chiens voraces, prêts à s'entre-déchirer
plutôt que de lâcher leur prise.

La curée.

Ce n'est pas un dépeçage, c'est un carnage. Ils sont vingt,
trente, à se disputer les dépouilles de la bête. Leurs cou-
teaux et leurs yeux étincellent, et, se précipitant sur elle,
chacun choisit l'endroit où il se taillera son morceau. Pour
y arriver, il faut qu'ils livrent une bataille en règle. La
voilà, la lutte pour la vie : les entrailles parlent, toute autre
voix se tait. Les plus forts et les plus adroits écartent les
faibles et les inexpérimentés, et alors ces trente sauvages
faméliques s'acharnent sur la victime avec une frénésie
bestiale. Suants, soufflants, haletants, criant comme des
possédés, les uns se glissant sous le ventre et y enfonçant
leur couteau, les autres grimpant sur le flanc et le dos pour
y taillader une part, tous se querellant dans un vacarme
d'enfer, on dirait un noir bataillon de larves, suivant l'horrible
mais exacte expression du poète, qui coulent comme un
épais liquide le long de ces vivants haillons.

> Tout cela descendait, montait comme une vague,
>   Ou s'élançait en pétillant ;
> On eût dit que le corps, enflé d'un souffle vague,
>   Vivait en se multipliant (1).

Comment ne se blessent-ils pas, avec leurs lames acérées
qui passent comme des éclairs, et sont parfois réunies nombreuses au même point ? Leur dextérité est prodigieuse. Ils
désarticulent la bête avec l'habileté de chirurgiens experts,

______

(1) Baudelaire. Les fleurs du mal : Une charogne.

et une heure après, elle n'est plus qu'une masse informe, sanglante, aux chairs pantelantes ; elle se détaille : les gros morceaux sont réservés pour le partage général, et c'est après qu'ils ont été enlevés que la lutte devient plus âpre ; ce qui en reste est pour ceux qui l'attraperont. Dès que l'un d'eux est parvenu à s'emparer d'un morceau, on le voit fuir vers un lieu écarté, y allumer du feu, pour y rôtir sa proie : tel un chien qui a dérobé un os, s'en va le ronger à l'écart.

Quand, de la formidable bête, il ne reste plus que la carcasse, ceux qui n'ont rien eu s'obstinent à y découvrir quelque reste. Ils disparaissent dans la panse énorme et bâillante, s'allongeant, glissant dans les paquets d'entrailles g antes, tels des mineurs dans une galerie étroite. Rien ne es rebute, ni les excréments dont ils se barbouillent ni l'infection qui s'en dégage. Quand on a vraiment faim, on n'est pas délicat, et l'on se délecte de l'immonde même.

Longtemps l'impérieuse nécessité obligea les nôtres de réquisitionner la nourriture qui leur manquait.

Ce fut, en somme, un crédit forcé. Mais ce ne fut qu'un long crédit. Plus tard, les terres, amendées, labourées et ensemencées, produisirent ; des ravitaillements arrivèrent de l'Ouellé, avec des ballots de tissus, de cotonnades dont les indigènes se montrent si avides, et qu'ils reçurent pour compensation des contributions forcées qu'on avait prélevées sur eux.

Ainsi leur méfiance légitime s'évanouit.

Au Nil.

Le 14 février, toute la colonne poussa des cris de joie : le Nil, but de tant d'efforts et de fatigues, s'allongeait entre les roseaux, large de 800 mètres, luisant, parsemé d'îles. Il marquait le terme de cette longue expédition, mais non des souffrances et des angoisses, qui, hélas ! n'allaient que commencer.

L'enthousiasme de Saroléa montait au lyrisme. Ce jeune

officier avait une âme ardente de poète ; avec un tempéra-
ment de soldat, une intrépidité froide et raisonnée, un senti-
ment robuste du devoir militaire, il possédait l'amour de
la nature des choses neuves qu'elle étale, des spectacles
merveilleux qu'elle dévoile ; il goûtait des jouissances infi-
nies à se plonger dans cette nature sauvage, à braver ses
obstacles rebelles. Des souvenirs classiques se réveillaient
en lui, et il apostrophait le grand fleuve endormi, fier d'avoir
arraché son voile à cette Isis. Quelles pages émues et
colorées il nous eût offertes, s'il n'était tombé à l'assaut de
Redjaf !

Jeune héros infortuné, fauché dans ta fleur, si loin de ta
mère inquiète, de ton pays, de tes camarades, reçois le
pieux hommage de nous tous, qui admirons ton sort sublime.
Dans la Grèce antique, dit le poète :

> On graverait ton nom sur des disques d'airain,
> Et tu serais de ceux qui, sous le ciel serein,
> S'ils passent près du puits ombragé par le saule,
> Font que la jeune fille ayant sur son épaule
> L'urne où s'abreuveront les buffles haletants,
> Pensive, se retourne et regarde longtemps.

Quant aux soldats, ce qui les enchantait, c'est que la poudre
allait parler, qu'ils battraient les derviches, et auraient
leur part du butin.

Chaltin campa au bord du fleuve, à hauteur de l'ancienne
station turque de Bedden.

« Bedden, a-t-il dit dans une interview qu'il accorda
à l'*Etoile belge* le jour de son débarquement à Anvers,
Bedden est une ancienne station des troupes égyptiennes,
abandonnée depuis une dizaine d'années ; elle fut occupée en
dernier lieu par des soldats restés fidèles à Emin, l'illustre
gouverneur de la province d'Equatoria. Il existe dans le
Nil, en face de Bedden, une île qui est restée peuplée. De
pauvres gens, ruinés par les incursions madhistes, y vivent
misérablement.

» De Bedden à Redjaf il n'y a que quatre heures de marche. »

La prise de Redjaf.

Laissons-lui la parole, à présent. Il est arrivé à la journée terrible et glorieuse de la prise de Redjaf. Le héros va nous raconter, dans un langage tout militaire, simple, concis, l'exploit par lequel il s'est illustré :

« Le 16, à cinq heures et demie du soir, nos sentinelles avancées se retirent en faisant de grands gestes. Les hommes se précipitent aux faisceaux, et, en moins de cinq minutes, tout le monde est sous les armes. Je fais prendre la formation de combat. Sur les hauteurs qui se trouvent à quinze cents mètres de nous, on distingue des groupes de derviches groupés autour de leurs bannières. J'ordonne à M. Cajot de tirer deux obus, qui portent admirablement et dispersent l'ennemi. La nuit se passe sans incident.

» Le 17, le départ a lieu à 6 heures. Le Nil coulant à notre droite, il n'y a guère de danger à craindre de ce côté. Aussi tous les Azandés marchent-ils sur notre flanc gauche.

» A 7 heures, le commandant de l'avant-garde me signale la présence des derviches sur les hauteurs qui se trouvent à 400 mètres vers le Nord. On voit très distinctement leurs forces s'étendre du Nil à une autre rivière qui lui est parallèle. Leur position paraît inexpugnable ; elle a une étendue de 3 kilomètres. Au centre, entre les hauteurs, se trouve un défilé bien défendu. Je fais prendre la formation de combat et conserve les 3 pelotons De Backer, Goebel et Cajot en réserve. Notre ligne de tirailleurs (Kops, Gehot, Laplume, Saroléa et Dupont) est déployée dans la plaine ; elle est assez bien abritée par des quartiers de roche. Les derviches ouvrent le feu, ils tirent à outrance, faisant pleuvoir surtout sur les secondes lignes une grêle de balles. C'est un fait à noter qu'au début de l'action les réserves et les bagages souffrent beaucoup plus du feu que la ligne de combat.

» Pendant une demi-heure, nous subissons ce feu sans y

répondre autrement que par 6 obus tirés par M. Cajot. Le canon a été mis en batterie au centre de notre ligne.

» Des mouvements de flanc se dessinent chez les Derviches ; leur intention de nous contourner devient évidente. Je fais sonner en avant! nos soldats se précipitent au pas de course, et vont occuper une nouvelle position à 200 mètres de la ligne ennemie, d'où ils dirigent sur l'ennemi un feu intense. L'hésitation des Madhistes nous prouve que nous leur faisons beaucoup de mal.

» Un mouvement se produit vers notre aile gauche, une colonne essaie de la prendre de flanc. Fort heureusement je m'en aperçois à temps, et j'envoie pour parer à cette tentative le peloton Goebel, bientôt renforcé par celui de De Backer. La manœuvre réussit ; l'ennemi commence à lâcher pied, tandis que nous commençons à avancer de nouveau. Le chef Azandé Renzi reçoit l'ordre d'attaquer avec ses 500 lanciers la colonne qui a tenté de nous tourner. Ce commandement est exécuté avec intelligence. La droite derviche est coupée, séparée de la masse et chargée avec impétuosité par les Azandés.

» Pendant ce temps, les pelotons de droite (Kops, Saroléa et Laplume) lancés à la charge, s'emparent du défilé, et ceux du centre (Gehot et Dupont) chassent l'ennemi des montagnes. Les Derviches se retirent d'abord dans le plus grand ordre, battant en retraite au pas ordinaire et s'arrêtant souvent pour tirer, mais la déroute ne tarde pas à se mettre dans leurs rangs. A ce moment, la retraite se change en fuite désordonnée, les fuyards abandonnent armes et munitions.

» C'est en chargeant à l'aile droite à la tête de son peloton, que notre camarade Saroléa meurt en brave, frappé d'une balle en pleine poitrine. Rendons hommage à la mémoire de ce soldat vaillant, tombé au champ d'honneur. (1)

____

(1) Saroléa est tombé sans souffrir, frappé d'une balle au cœur. C'est la mort enviée des braves, disait Bonaparte. Il repose au pied du mont Redjaf, sous un entassement de lourdes pierres, qui mettent ses restes hors de portée de la dent des hyènes.

„ Nous comptons quelques soldats tués et blessés. Du côté des Derviches, les pertes sont considérables ; parmi leurs morts se trouvent beaucoup d'Egyptiens, d'Abyssins et des gens du Darfour. Leur commandant, Mahommed Adi Bedi, est tué. Leur nombre était de 2000. Bien retranchés dans les montagnes, ils eussent réussi à nous résister longtemps, s'ils n'avaient pas commis la faute d'essayer un mouvement tournant.

„ Il était 8 heures et demie du matin. Après un repos de 2 heures, nous nous remettons en marche, et, d'une seule traite, sous un soleil defeu, nous parcourons 26 kilomètres sans trouver d'eau, tous les affluents du Nil étant à sec. Vers une heure et demie, la pointe d'avart-garde arrive à proximité du mont Redjaf, occupé par le Derviches. Ceux-ci ont pris position sur une crête qui s'étend de la montagne au Nil. Il nous reçoivent à coups de canon. Malheureusement notre colonne n'est pas unie, de la tête à la queue il y a une distance considérable. Les premiers arrivés se déploient et sont successivement renforcés par le restant des troupes. L'artillerie madhiste tire à obus, mais nous n'en souffrons guère. Quoique ce soit la première fois que les soldats de l'Etat marchent au canon, leur conduite est remarquable d'audace et d'intrépidité. La défense des Derviches est véritablement acharnée. Les pelotons Goebel et Dupont attaquent leur aîle droite placée entre les montagnes, et la refoulent assez rapidement. Le peloton Gehot enfonce leur centre pendant que les pelotons Laplume et Kops tiennent tête à leur aile gauche appuyée au Nil. Tout à coup un fort mouvement tournant se prononce sur notre droite ; les Derviches sortis d'un ravin où ils se dissimulent habilement sont là en ligne, adossés au Nil. MM. Laplume et Kops leur font face en toute hâte. M. Cajot se porte en avant avec le canon, le met en batterie à cent mètres des Madhistes et tire une boîte à balles qui sème le désordre dans leurs rangs. A ce moment arrive à point nommé le peloton De Backer que je lance contre eux. Ils se retirent dans la direction de l'enceinte poursuivis par MM. Laplume et Kops.

» La retraite des Madhistes est générale, la ville est prise, mais la citadelle leur reste.

» Les soldats, tout en combattant, enlèvent un butin considérable ; le combat se transforme en combat de rue, il devient impossible de diriger les hommes, on se bat dans le labyrinthe de ruelles ; on lutte maison par maison. Vers 7 heures du soir, le feu cesse complètement de notre côté, celui des derviches continue jusqu'à 11 heures, puis le silence se fait.

» Nous couchons sur nos positions. Les derviches, mettant à profit la nuit et leur parfaite connaissance des lieux, abandonnent la place. A 4 heures du matin nous entrons dans la citadelle.

» Les derviches ont eu plusieurs centaines de morts. Huit grands chefs madhistes ont été tués. Voici leurs noms :

» 1° Omar Saleh (1) ; 2° Mahommed Adi Badi (2); 3° Mahomed Trevi ; 4° El Bedi Odelerck ; 5° Mahomed Achmed Alah ; 6° Dris Ol Deï Cheid ; 7° Omar ABI ; 8° Adam Odalgadorob.

» L'intendant comptable de la place, Mokolal, a eu les deux fémurs brisés par une balle, mais il a pu être transpórté à Bôr.

» Voici l'énumération des principales pièces du butin :

» 1° Deux canons rayés en bronze et un canon de signal avec une quantité énorme de charges et de projectiles ;

» 2° Des drapeaux, des sabres, des revolvers, etc. Chose curieuse, quelques sabres portent sur l'une des faces de la lame la croix romaine, et sur l'autre, un lion héraldique (3) ;

» 3° Plus de 700 fusils perfectionnés se chargeant par la culasse ;

---

(1) Son passé appartient à l'histoire. Homme de confiance de l'ancien Madhi, il a été chargé de réprimer la révolte des Dinkas. C'est lui qui a pris Lado, Redjaf et toutes les autres stations de la province équatoriale aux troupes égyptiennes d'Emin-Pacha. A la mort de son protecteur, le nouveau Madhi, Abdul Haye, l'a fait enchaîner, et, pour s'en débarrasser, l'a placé à Redjaf sous les ordres de son frère, l'émir Arabi.

(2) Chef des forces venues à la rencontre de l'expédition Chaltin.

(3) Ces armes proviendraient-elles des Croisés ?

» 4° Deux magasins remplis d'armes et de munitions ;

» 5° Des instruments de musique et des tambours ;

» 6° Des approvisionnements en vivres considérables,etc., etc. Tout le chargement d'un steamer venu de Bôr ;

» 7° 4 tonnes de bel ivoire ;

» 8° les archives du poste ;

» 9° 11 mules,23 baudets,un troupeau de 100 têtes de gros bétail, des centaines de chèvres et de moutons. D'après ce que nous disent des prisonniers, plus de 400 vaches ont été tuées au cours du combat. Nos hommes et les Azandés avaient, en effet, des quantités considérables de viande ;

» 10° Des centaines de femmes et enfants chassés depuis par la famine ;

» 11° Des projectiles Nordenfeld.

» Quelques jours après la prise de Redjaf, j'ai poussé jusqu'à l'ancien emplacement de Lado, à une journée de marche. C'est une solitude entourée de marais (1). Je tiens à proclamer la bravoure déployée par nos excellents soldats, et surtout à signaler la conduite vaillante de leurs chefs, MM. Kops, Gehot, Laplume, De Backer, Goebel, Dupont et Cajot. Ces derniers ont déployé une intrépidité remarquable. Le docteur Rossignon n'a cessé, pendant toute la campagne, de faire preuve d'un dévouement et d'une abnégation absolus. » (Rapport du commissaire général Chaltin, chef de l'expédition du Nil, au Gouverneur général de l'Etat indépendant du Congo.)

Ce rapport est un modèle de clarté, de précision et de concision. On ne sait ce qu'il faut admirer le plus : la grande modestie de l'auteur ou la sobriété toute militaire de son style. Tout est dit, rien n'y est de trop, il ne reste rien à ajouter.

---

(1) Résidence habituelle d'Emin. Comment a-t-il pu vivre 14 ans en cet endroit malsain,où la vue, du côté du fleuve, est bornée, à une distance de 60 m., par une méchante île inculte ?

Le camp de Redjaf.

Le camp de Redjaf-Lado n'est pas établi à la limite nord-est de l'Etat indépendant du Congo, comme on l'a cru et écrit longtemps ; il est à 4°45' de latitude nord et à 31°40' de longitude est. Construit au pied du mont Redjaf, dont le sommet s'élève à environ 159 m. au-dessus des eaux moyennes du Nil, il s'étend jusqu'au fleuve et constitue un excellent port accessible aux bateaux en toute saison.

On voit que les Mahdistes avaient fait preuve d'un jugement très pratique en s'y établissant. Ils possèdent 5 vapeurs à Khartoum, lesquels, à l'époque de la navigabilité du fleuve, du 20 août à la fin de novembre, le remontaient jusqu'à Redjaf. En outre, l'émir Arabi se servait d'un petit steamer, qui était à l'ancre à Redjaf quand les nôtres firent leur apparition ; mais ce steamer était si précieux, que le premier soin d'Arabi fut de le sauver en le faisant conduire à Bôr, où il a été détruit dans les circonstances que nous avons rapportées. Ah ! si Chaltin avait pu s'en emparer ! Avec quelle rapidité sa situation se fût améliorée. Le destin, pour parler le langage local, ne l'a pas permis. C'est en vain que Chaltin fit les plus séduisantes promesses — offre de fusils — pour qu'on le lui procurât.

Nous avons dit que le Nil est large d'environ 800 m. en face de Redjaf ; ajoutons qu'immédiatement en aval, entre Redjaf et l'ancienne station de Lado, il forme une expansion de 4 kilomètres, coupée d'îles.

Quand Chaltin et ses troupes y pénétrèrent, la place de Redjaf était solidement protégée au sud et à l'ouest. Le dispositif des fortifications dut être radicalement modifié, puisque le seul danger à craindre était au nord, dans la direction du refuge des Mahdistes.

Sans perdre de temps, tous les nôtres se mirent à l'ouvrage. Tandis qu'un cordon de sûreté était établi autour de la place, celle-ci fut entourée d'un retranchement de 600 m. de développement. Ce retranchement se compose d'un fossé intérieur, d'un parapet pour tireurs debout et d'un fossé extérieur, large de 3 m., rempli de branches à épines, défenses accessoires qui défient toute agression dans ce pays-là. Deux entrées ont été ménagées, l'une dans le front nord, l'autre dans le front sud. Sur le front ouest sont deux batteries en pierre et en terres rapportées. Mais la redoute n'étant pas défilée vers le nord ni vers l'ouest, et étant exposée aux feux plongeants de troupes distantes même de 400 m., Chaltin y para en faisant élever de ce côté, à l'intérieur, des maisons en grosses pierres, formant parados, et de nombreux parados en terre, perpendiculairement aux faces nord et ouest.

Les habitations des blancs — en pierre — les magasins et les étables se trouvent à l'intérieur du retranchement ; le camp des soldats est à l'extérieur, vers le nord ; leurs cases sont en paille.

On a laissé subsister dans la cour du réduit, des citronniers, des grenadiers, un corosolle et quelques arbres fruitiers indigènes que les fugitifs y entretenaient.

Emin pacha faisait planter partout où il installait des soldats, un arbuste fort laid, genre acacia, au feuillage si clair-semé qu'il ne donne guère d'ombre, et dont le pacha employait les fleurs, les fruits, l'écorce et les feuilles à combattre les fièvres.

Dans toute la région, à 50 kilomètres à la ronde, ne croissent d ailleurs que de petits arbres à épines, rabougris, sans autre utilité que de servir de bois de chauffage.

La solitude vaste, épouvantable, règne autour du camp. Pendant la saison des pluies, ce ne sont que marécages.

Mais sur la rive droite du Nil vivent des populations, les Logogos, qu'enrichit le commerce des plumes d'autruches.

Chaltin fit de ses soldats des ouvriers agricoles. Les défrichements furent poussés activement, et de bonnes récoltes récompensèrent ces courageux travailleurs. Ils obtinrent, entr'autres, des haricots et des grains en abondance.

Sans doute, il y eut des heures sombres, où la pitance était maigre. Alors on allait à la chasse, à la pêche.

Goebel revint un jour ayant tué 14 éléphants ! On buvait de la bière d'éleusine, excellente, rafraîchissante, fortifiante. Les blancs avalaient jusqu'à 4 litres de lait quotidiennement. Le malheur, c'est que ce breuvage, si bienfaisant chez nous, provoque là-bas des diarrhées.

Bref, les nôtres ne sont pas, à Redjaf, si malheureux qu'on l'a dit. Le Nil n'est pas la région enchanteresse, et les stations n'y valent pas celles de l'Ouellé ; mais elles s'améliorent tous les jours, et les braves qui y résident s'y plaisent plus que ne fait à Bôr, dans un pays fertile et salubre, le vaincu Arabi. Inquiet, menacé par les indigènes qui redeviennent d'autant plus hardis qu'ils se savent et se sentent appuyés par nous, Arabi ne quitte pas sa zériba, où il a réuni ce qu'il lui reste d'armes et de munitions, et il s'entoure d'un triple cordon de sentinelles. Il a su que les blancs font d'incessantes tentatives pour lui dérober son steamer, et, dans cette crainte, il l'a fait tirer à terre et démonter, comme nous l'avons raconté.

Conclusion.

Il ne nous reste plus, avant de finir, qu'à rendre hommage au chef de l'expédition du Nil, au commandant Chaltin, dont la constance, la bravoure, l'intelligence, les qualités militaires tout à fait supérieures, font l'objet de l'admiration universelle. Agé de 40 ans à peine, n'ayant fait aucun apprentissage de la guerre sous aucun chef, n'ayant étudié ni à l'école militaire, ni à l'école de guerre, il s'est révélé tout d'un coup chef d'expédition. Du jour où il a abordé sur le sol africain, il a connu les saines ivresses de la victoire. Mais sait-on à quel prix il les a obtenues? Le succès s'achète chèrement en Afrique : il y faut déployer des qualités et des vertus sans nombre. Or, ce qui fait la force de Chaltin, c'est la confiance sans limites qu'il inspire à ceux qui servent sous ses ordres, blancs et noirs. Cette confiance naît instinctivement : on le voit à l'œuvre et on le sent supérieur. Il s'entend comme persônne à organiser une expédition, son œil d'aigle embrasse le détail et l'ensemble, rien n'échappe à ses investigations ; chaque ordre qu'il donne, il le contrôle ; il n'a ni familiarité ni abandon avec ses inférieurs ; au milieu des alarmes, il leur apparaît souriant et serein ; jamais son mâle visage ne trahit aucune hésitation, aucune inquiétude ; il punit et récompense avec discernement ; il juge les différends avec sagesse ; il noue des relations avec les chefs noirs, et sa diplomatie les déconcerte. Il a toujours une solution pour les cas désespérés. Ceux qui l'accompagnaient l'ont vu, torturé par les fatigues et les maux, mais résistant, si énergique que rien ne pouvait le dompter.

Quand on étudie l'histoire de Chaltin, de ce jeune officier qui a accompli un des exploits les plus fameux dont s'honorent les annales africaines, on se convainc de plus en plus que ce qui fait la réelle supériorité des hommes, et surtout des chefs d'armée, c'est moins la science, les études, les diplômes et les brevets, que les qualités morales qui s'appellent énergie, audace, sang-froid, courage, ténacité, obstination, opiniâtreté, activité, persévérance, application, fermeté, promptitude dans l'action. Réunissez-les dans un même homme, et vous reconnaîtrez Chaltin.

A la lecture de ses bulletins de victoire, un frémissement d'orgueil nous a fait tous tressaillir, en Belgique, et son retour a été justement salué comme un triomphe. Nous l'avons vu calme, comme un peu dédaigneux, dans le vacarme des ovations, à l'audition des harangues laudatives. Ne goûterait-il pas la gloire comme ses pareils ! Peut-être. Pour ces âmes trempées, aventureuses, il n'y a qu'une félicité : celle de se plonger par toutes ses fibres dans la grande nature, de parcourir du regard les immenses horizons, de dominer, par le seul prestige de sa personnalité, sur des milliers et des milliers d'hommes superstitieux et rebelles.

Enfin, grâce à Chaltin, la province d'Equatoria est bien à nous : Redjaf-Lado a été pris le 17 février 1897 par les seules forces de l'Uellé, ou, pour être plus exact, par celles de la zone des Makrakras. Chaltin n'a eu besoin du concours ni des lumières de personne pour organiser, conduire, diriger et mener à bien l'expédition qu'il avait entreprise. La route qu'il a suivie, les moyens stratégiques et tactiques qu'il a employés, il les a choisis seul, lui-même. Il n'a demandé à l'Etat du Congo ni un soldat, ni un fusil, ni une cartouche ; il est parti avec les ressources ordinaires de son district, et, au lieu d'obérer le trésor, son expédition l'a alimenté.

N'est-ce pas admirable ?

Il est vrai qu'il a eu pour aides des officiers et des soldats d'un dévouement sublime. Nous l'avons fait ressortir au cours de ce récit. Le jeune docteur Rossignon eut une tâche particulièrement dure : on dut le charger tout un temps du service des pièces. A tous ces braves revient aussi une grosse part de notre reconnaissance et de notre admiration.

Chaltin a laissé à son successeur, le capitaine commandant Hanolet, une place de premier ordre, abondamment pourvue de vivres et de munitions, solidement fortifiée, en pleine prospérité.

Depuis son départ, les derviches sont redevenus hardis. Leurs reconnaissances ont été offensives, et nous avons perdu le 21 mai dernier les lieutenants Walhousen et Coppejans, et le sergent Bienaimé dans les circonstances suivantes:

Pendant la nuit du 20 au 21 mai 1898, des cris s'étaient fait entendre sur le Nil. Au réveil, l'officier de garde prévint le capitaine commandant Walhousen. On apercevait de la plaine de Redjaf quatre hommes faisant des appels en amont, sur la rive, à l'endroit habituel où viennent se rendre les déserteurs de Bôr.

Le commandant Walhousen, avec les clairons comme pagayeurs, se rendit à la rive pour aller recevoir les déserteurs. Il avait malheureusement autorisé le lieutenant Coppejans, le premier sergent Bossaert et le sergent Bienaimé à l'accompagner et n'avait emporté que trois fusils Albini avec deux cartouches par arme.

Au moment où le canot accosta, une fusillade éclata; on vit le canot faire demi-tour et les hommes se jeter à l'eau. La fusillade continuait toujours. Un second canot fut armé immédiatement pour aller porter secours au premier; ce canot, reçu à coup de fusils, mit les derviches en fuite, et M. Bartholi parvint à s'emparer de l'embarcation de M. Walhousen, laquelle contenait le cadavre du sergent Bienaimé et le sergent Bossaert, grièvement blessé. Les pagayeurs de M. Walhousen affirmèrent que celui-ci s'était jeté à l'eau avec le lieutenant Coppejans, et les recherches pour retrouver leurs corps n'ont pas abouti.

Le 4 juin de cette année, les derviches nous ont tué le lieutenant Desneux et M. Bartholi, officier de la marine italienne.

Nous pleurons le trépas de ces braves, mais nous nous consolons en songeant que le drapeau bleu étoilé d'or, arboré sur les murs de Redjaf, proclame que la position nous appartient toujours. Le brave Henry, qui fut le second de Lothaire et qui remporta sur les Battetelas révoltés la mémorable victoire du lac Albert, doit être arrivé à Redjaf avec un fort contingent.

Les Belges ne lâcheront pas prise.

Bientôt Khartoum se rendra aux Anglais. Les derviches seront réduits à s'enfuir dans le désert, où ils périront de dénuement, et les vapeurs battant pavillon britannique et battant pavillon congolais navigueront à la rencontre les uns des autres. Les commandants des forces anglaises et belges se congratuleront mutuellement de cette victoire gagnée par la civilisation sur la barbarie. Car le Nil libre, c'est la grande voie ouverte à l'Europe pour pénétrer au cœur de l'Afrique.

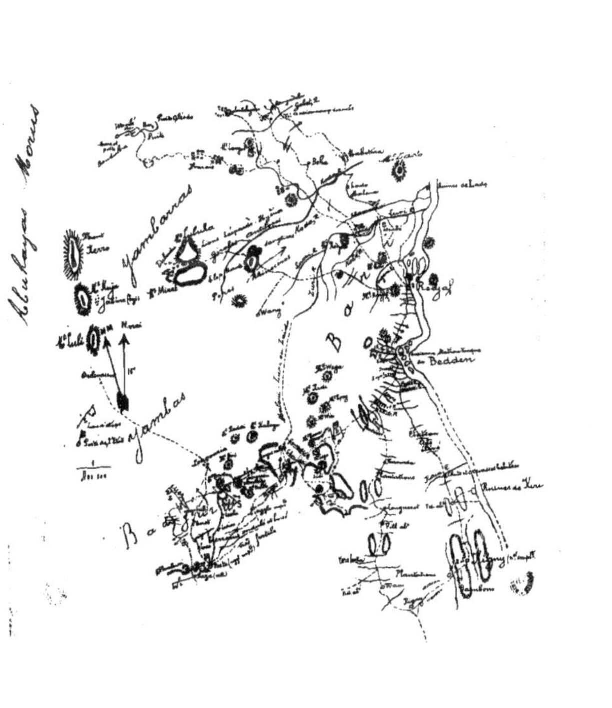

Ouvrages du même auteur :

—

De la Rhétorique. . . . . fr. 1.75
De l'Analyse littéraire . . . . » 2 00
La question militaire en Belgique (1898). . . . . . . » 0.50
La Nation armée. » 0.50
La Manifestation nationale du 13 juin 1896. . . . . » 1.25